鹿児島大学島嶼研ブックレット
23

1

TOUSHOKEN BOOKLET

シマで戦争を考える

兼城糸絵・石田智子・佐藤宏之 著
KANESHIRO Itoe　ISHIDA Tomoko　SATO Hiroyuki

●目次●

シマで戦争を考える

Thinking about war in SHIMA

KANESHIRO Itoe, ISHIDA Tomoko, SATO Hiroyuki

I　はじめに

兼城　糸絵

本書は、奄美群島の戦争遺跡を題材にシマ（注1）の戦争の記憶をいかに記録し後世へ伝えていくのかという問題について考古学・文化人類学・歴史学の立場から検討したものです。では、なぜ奄美群島の戦争遺跡を取り上げるのか、ここではその背景を説明していきます。

奄美群島とは、鹿児島県と沖縄県の間に位置する島々のうち、奄美大島、喜界島、加計呂麻島、与路島、請島、徳之島、沖永良部島、与論島を指します。これら群島全体では現在約一二万人の人々が暮らしています。中でも一番大きな奄美大島には約五万七〇〇〇人が暮らしています。奄美群島について近年最も話題になったことといえば、ユネスコの世界自然遺産登録（二〇二一年）ではないでしょうか。奄美群島には世界的にも貴重な生物多様性がみられる地域であるとのことから、奄美大島と徳之島が沖縄島北部および西表島とともに世界自然遺産として登録されました。奄美群島は今や自然豊かな美しい島々として国内外に知られるようになり、島を訪れる観光客も増加しています。

そのようなポジティブなイメージがある一方で――意外と知られていませんが――、奄美群島には戦争の痕跡が至るところに残されています。奄美群島はかつて本土防衛という観点から、軍事的に重要な場所であるとみなされてきました。そのため、明治から昭和にかけて、旧日本軍の司令部や監視所、弾薬庫、砲台、そして飛行場などといった軍事施設が数多くつくられてきました。これらの軍事施設は森の中のような目立たない場所につくられることが多かったのですが、人々が暮らす集落の近くにつくられることもありました。

では、これらの軍事施設はその後どのような運命を辿ったのでしょうか。通常であれば、軍事施設の多くはその役割を失うと壊されたり、別の施設に転用されたりします。しかし、奄美群島の場合、いくつかの要因により破壊を免れたこともあり、数多くの旧軍事施設が比較的良好な状態で残されています。現在、それらの一部は戦争遺跡として整備され、観光客が見学できるようになっています。

その一方で、それらの戦争遺跡は長らく「放置」されてきたこともあって、地域社会との関係について十分に検討されてきたとは言い難い状況にあります。無論、軍事施設は基本的に機密事項を多く抱えていたことから、民間人が軽々しく立ち入ることができなかったと思われます。しかし、当時の状況を踏まえると、軍の関係者だけで施設の建設が行われたとは考えにくく、何らかのかたちで島の人々も関わっていたことが予想されます。

本書の執筆者は、そもそも奄美の人々が体験した戦争とはいかなるものだったか、そして奄美の人々と戦争遺跡との関係がどのようなものだったのかという問題意識のもと、二〇一九年から共同研究を行っています。本書にはその成果の一部が収められています。

戦争がすでに過去のものになって久しい現在、戦争の記憶の継承・活用は社会的にも喫緊の課題となっています。このような課題に対し、戦争遺跡は地域社会における戦争の記憶を伝えるメディアとして一定の役割を担ってきました。たしかに、戦争遺跡はそれぞれの地域において固有のものであり、地域の戦争を語る上で欠かせない存在であると位置付けることもできます。しかし、戦争遺跡はあくまで「遺跡」（モノ）であるため、それ自体が自らの過去について語り出すことはありません。そのため、メディアとしての戦争遺跡は「あくまで不特定多数の来訪者に向けて、過去の記憶や体験を象徴的に物語るものであるだけに、しばしば見る者の多様な解釈を可能」（福間　二〇一五：二四六）にしてきました。そうであるがゆえに、戦争遺跡はともすれば地域の記憶とは乖離したイデオロギーをもつ存在になっていくことすらありえます。適切なかたちで記憶を継承するためには、まず何が〈ここ〉で起きていたのかを把握し、それを後世に伝えていくためのストーリーを構築していく必要があるといえます。

本書の執筆者は、戦争の記憶を検討するにあたって、まずは地域社会で起きた出来事を複数の位相から把握する必要があると考えています。本書ではその第一歩として、考古学・文化人類学・歴史学という三つの位相から戦争遺跡と地域社会の関係について検討しています。特に、戦中・戦後を通して生活圏内に存在し続けた戦争遺跡が現在どのような状態におかれているのか（考古学）、そして戦時下において人々の暮らしと戦争がいかなる関係にあったか（文化人類学）、そして、戦争の記憶をいかに位置づけ後世へ継承していくことができるのか（歴史学）という観点から奄美群島の戦争遺跡について論じていきます。

なお、「戦争遺跡」という言葉は「近代以降の戦争に関連して形成された遺跡」を指す場合と、それに加えて「戦争に関連する慰霊碑や記念碑などのモニュメント群」などを含めて使われている場合があります。分野によってその取り扱いに幅があることから、本書ではあえて「戦争遺跡」という言葉の意味を統一せず、各章の執筆者の裁量に委ねることにします。

注

（1）シマとは奄美・沖縄地域で使用される方言で人々が暮らす「集落」を意味しますが、単なる家屋の集合体というよりも社会的・文化的な結びつきを共有する生活共同体という意味も含まれています。本書では二つのレベルの「シマ」、つまり島嶼という視点と人々の生活共同体というローカルな視点の両方から戦争を捉えていくことを目指しています。

参照文献

福間良明　二〇一五『「戦跡」の戦後史：せめぎあう遺構とモニュメント』岩波書店

Ⅱ　奄美群島の戦争遺跡を訪ねる

石田　智子

初めて奄美大島の戦争遺跡を訪れた時に、驚くほどの良好な残存状態に圧倒されました。そして、この存在を広く伝えたい、未来に残したいと、強く願いました。これが、地域の文化遺産として戦争遺跡に新たな価値を見出し、記憶や記録を未来につなげる取り組みをはじめた契機です。

1　戦争遺跡とは

戦争遺跡（戦跡）とは、近代日本の国内・対外侵略戦争とその遂行過程で形成された遺跡です（十菱・菊池編二〇〇二、菊池二〇一七）。対象時期は幕末・開国頃から第二次世界大戦終結頃、対象地域はアジア・太平洋全域（日本、朝鮮半島、中国大陸、東南アジア、西太平洋地域）です。戦争遺跡は、政治・行政関係、軍事・防衛関係、生産関係、戦闘地・戦場関係、居住地関係、埋葬関係、交通関係、その他に区分されます。

考古学は人類のすべての過去を対象とする学問です。近現代の戦争遺跡を対象とする考古学の一分野である戦跡考古学が一九八四年に提唱されたことを端緒に、一九九〇年代以降は戦争遺跡や遺物の調査、保存・活用に対する一般市民や研究者の関心が高まっています。特に、原爆ドーム（広島県）が一九九五年に国史跡に指定、一九九六年に人類史上最初の核戦争の証拠として世界遺産に登録されたことを契機として、戦争遺跡を文化財として保存・活用する意義が広く周知されました。平和学習、生涯学習、学校教育、観光などで戦争遺跡を訪れる人も増えています。

一方で、戦争遺跡の評価については課題が多く残されています。文化庁の平成一〇年通知の「埋蔵文化財として扱う範囲に関する原則」では、「近現代の遺跡については、地域において特に重要なものを対象とすることができる」とされています。つまり、地域における重要性とは各地域の歴史に拠るものであるため、戦争遺跡の取り扱いにおいても地域差が存在します。戦争遺跡を地域の歴史を語る文化遺産と認識して調査・保存に取り組むこともあれば、周知されないまま十分に調査せずに壊されることもあります。新しい遺跡だからこそ、戦争遺跡の評価や対応が定まっていないのが現状です。近年では、大社基地遺跡群（島根県）や旧広島陸軍被服支廠（広島県）をめぐる保存運動が注目されています。

戦争遺跡や戦争関係資料を残す意味とは何でしょうか。戦争にかかわる軍事施設や資料は、戦災による消滅や終戦時の意図的破壊、戦後の開発にともなう撤去のため、多くのものが失われました。それでも、地上のコンクリート建造物や、発掘調査で出土する建造物の下部構造、銃砲弾・軍用食器などの埋蔵文化財が残っています。最近は水中文化遺産の調査も進んでいます。考古資料は、文献史料や証言を吟味・検証する性格を備えています。戦争体験者の証言（ヒト）や歴史資料に基づく戦争記録（コト）を戦争遺跡や遺物（トコロ・モノ）と直接照らし合わせて、相互の価値や歴史認識を検証し、過去の事実を知るためには、資料を残すことが肝心です。これからはアーカイブの構築やデジタルコンテンツの活用も重要な課題です。

関心をもって周囲を見渡すと、実は多くの戦争遺跡が身近に残っています。興味や知識がなければ気づきませんが、いったん存在を認識すると、地域の戦争の語り部となります。過去と直接対峙できる実物存在として、歴史を体感する空間として、戦争を語り合う場として、過去を想起させるモノとして、戦争遺跡が果たす役割は大きいです。一方で、忌まわしい過去を思い出させるものとして、戦争遺跡の保存を望まない立場もあります。誰にも関心をもたれず、朽ち果ててゆく戦争遺跡も多いです。すでに長期間を経た構造物であるため劣化が進行しており、維持にかかるコストや安全管理の問題を考慮すると、すべてを残すことはできません。だからこそ、戦争遺跡の調査研究を実施し、歴史的価値や保存・活用のありかたについて検討する必要があります。

未来に何を残すかは、現在の行動や判断にかかっています。

2　鹿児島県の戦争遺跡

戦跡考古学において、鹿児島県は重要な地域です（前迫二〇〇三、橋本二〇一六・二〇一八、石田二〇二一ａ）。鹿児島県は、幕末から現在までの間に、薩英戦争（一八六三年）、西南戦争（一八七七年）、第二次世界大戦（太平洋戦争：一九四一〜一九四五年）の三回戦場になりました。特に第二次世界大戦末期においては本土防衛の最前線として本土部から島嶼地域に至るまで各種の軍事施設が数多く構築された場所であり、現在も多数の戦争遺跡が非常に良好な状態で残存しています（八巻二〇一六）。戦争にかかわる慰霊碑や軍人墓地なども各地に所在します。このような戦争遺跡に対する関心は比較的高く、特に出水市、鹿屋市、曽於市、瀬戸内町、南九州市では、地域住民を中心とする平和学習グループ、平和学習ガイド、戦争遺跡フィールドワークなどへの積極的な取り組みがみられます。ただし、戦争遺跡の調査・研究・保存はまだ十分ではなく、鹿児島県の今後の埋蔵文化財保護においても、戦争遺跡の悉皆調査および取り扱い方針の策定、保存対象範囲に関する早急な社会の合意形成の必要性が指摘されています（上田二〇二一、森二〇二一）。まずは戦争遺跡の体系的な実態把握が望まれます。

表１　鹿児島県の戦争関係指定・登録文化財（2023 年 9 月時点）

No.	名称	所在地	時期	文化財	指定・登録年
1	山田の凱旋門	姶良市	明治	国登録	2001（平成13）年
2	西南戦争高熊山古戦場	伊佐市	明治	県指定	2022（令和4）年
3	天保山砲台跡	鹿児島市	幕末	市指定	1974（昭和49）年
4	沖小島砲台跡	鹿児島市	幕末	市指定	2005（平成17）年
5	祇園之洲台場跡	鹿児島市	幕末	県指定	2022（令和4）年
6	海軍航空隊笠野原基地跡の川東掩体壕	鹿屋市	昭和	市指定	2015（平成27）年
7	海軍航空隊串良基地跡の地下壕電信指令室	鹿屋市	昭和	市指定	2015（平成27）年
8	戸畑の煙突	熊毛郡中種子町	昭和	町指定	2006（平成18）年
9	天狗鼻海軍望楼台	薩摩川内市	明治	市指定	1985（昭和60）年
10	権現島水際陣地跡	志布志市	昭和	市指定	2007（平成19）年
11	西馬場の岩川海軍航空隊基地通信壕跡	志布志市	昭和	市指定	2019（平成31）年
12	平床の通信壕跡	志布志市	昭和	市指定	2019（平成31）年
13	根占原台場跡	南大隅町	幕末	県指定	2018（平成30）年
14	旧知覧飛行場給水塔	南九州市	昭和	市指定	1978（昭和53）年
15	旧知覧飛行場弾薬庫	南九州市	昭和	国登録	2007（平成19）年
16	旧知覧飛行場着陸訓練施設鎮碇	南九州市	昭和	国登録	2007（平成19）年
17	旧知覧飛行場防火水槽	南九州市	昭和	国登録	2007（平成19）年
18	旧知覧飛行場油脂庫	南九州市	昭和	市指定	2015（平成27）年
19	四式戦闘機「疾風」（1446号機）	南九州市	昭和	市指定	2020（令和2）年
20	佐世保海軍通信隊頴娃分遣隊地下壕跡	南九州市	昭和	市指定	2022（令和4）年
21	知覧特攻戦没者の手記（18点）	南九州市	昭和	市指定	2015（平成27）年
22	なでしこ隊「特攻日記」	南九州市	昭和	市指定	2015（平成27）年
23	鹿浦小学校旧奉安殿	大島郡伊仙町	昭和	国登録	2007（平成19）年
24	旧坂嶺小学校奉安殿	大島郡喜界町	昭和	町指定	2002（平成14）年
25	旧阿伝小学校奉安殿	大島郡喜界町	昭和	町指定	2002（平成14）年
26	戦闘指揮所跡	大島郡喜界町	昭和	町指定	2002（平成14）年
27	古仁屋小学校旧奉安殿	大島郡瀬戸内町	昭和	国登録	2006（平成18）年
28	節子小中学校旧奉安殿	大島郡瀬戸内町	昭和	国登録	2006（平成18）年
29	奄美大島要塞跡	大島郡瀬戸内町	大正	国指定	2022（令和4）年
30	旧木慈小学校奉安殿	大島郡瀬戸内町	昭和	国登録	2006（平成18）年
31	薩川小学校旧奉安殿	大島郡瀬戸内町	昭和	国登録	2006（平成18）年
32	須子茂小学校旧奉安殿	大島郡瀬戸内町	昭和	国登録	2006（平成18）年
33	池地小中学校旧奉安殿	大島郡瀬戸内町	昭和	国登録	2006（平成18）年
34	旧秋名小学校奉安殿	大島郡龍郷町	昭和	町指定	2021（令和3）年
35	旧山尋常高等小学校校舎	大島郡徳之島町	昭和	国登録	2021（令和3）年
36	今里小中学校旧奉安殿	大島郡大和村	昭和	国登録	2007（平成19）年
37	内城小学校旧奉安殿	大島郡和泊町	昭和	町指定	2019（令和元）年

写真１　旧秋名小学校奉安殿

鹿児島県における戦争に関連する文化財は三七件（二〇二三年九月時点）あります（表1）。二〇〇〇年代以降に指定・登録件数が増加しており、西南戦争や日露戦争関係もありますが、第二次世界大戦に関するものが多数を占めます。

特に、奉安殿が注目されます。奉安殿とは、戦時中に各学校に下賜された御真影と教育勅語謄本を収納するための建造物です（写真1）。建設にあたっては、頑丈な耐火耐震構造、荘厳重厚なデザイン、清浄な位置への設置が求められましたが、基本的には各学校や地域の裁量に任されたため、さまざまなバリエーションの奉安殿が日本全国で作られました（小野二〇一四）。終戦後にGHQの指令で撤去が義務付けられましたが、奄美群島には多数の奉安殿が現存しており、一二件が文化財に指定されています。奉安殿は「国民」形成装置として機能し

写真２　手安の弾薬本庫跡

た戦前教育の象徴であり、戦時中の学校と地域社会の関係を検討する上で重要な資料です。

鹿児島県の中でも、奄美群島はまさに本土防衛の最前線であり、奄美大島・喜界島・徳之島・沖永良部島などの各地で軍備が強化されました。終戦後も米軍統治下におかれた複雑な歴史をもつ地域です。

特に、奄美大島の瀬戸内町における戦争遺跡の調査・研究・保存・活用の先駆的な取り組みが注目されます。瀬戸内町では二〇一四年度から戦争遺跡の調査を本格的に開始しました。分布調査、測量調査、発掘調査に加え、文献調査や聞き取り調査も継続して進めています。二〇一八年には戦争遺跡一九件を埋蔵文化財包蔵地に指定して周知・保護に取り組み、学術的な文化財的価値を有することを示す基本資料となる調査報告書を刊行しました（鼎編二〇一七・二〇二二）。これらの成果をうけて、奄美大島要塞跡は二〇二三年三月に国史跡に指定されました。西古見砲台跡、安脚場砲台跡、手安弾薬本庫跡（写真2）は整備されており、安全に見学できます。調査研究に併行して、戦争遺跡マップや看板の作成、学校教育との連携も活発に行っています。戦争遺跡と地域社会との関係を考える上でモデルケースとなる重要な成果です。

3　大学生と考える奄美群島の戦争

大学の授業で、戦跡考古学や鹿児島県に所在する戦争遺跡について話す機会があります（石田二〇二一a）。多くの学生は学校教育や平和学習、修学旅行などを通して、日本全体で起きた戦争の歴史を学んできました。しかし、鹿児島県という一地域の戦争について教わる機会は少なく、ましてや島嶼の戦争を学ぶことはほとんどありません。これは島嶼出身者であっても同様で、教科書に掲載されていないため地元の歴史を学ぶことはなく、身近に残る戦争遺跡を認識していません。

大学生が日常生活で戦争について考えることはほとんどありませんが、話題を提供すると高い関心を示します。過去を知らなかったことに衝撃をうけ、自分たちが次世代に伝えなければ事実が消滅することに危機感をもつこともあります。地域の戦争や身の回りの戦争遺跡について知ることで、戦争が別世界で起きた遠い昔の出来事ではなく、実は自らと地続きの問題なのだと気づくきっかけになります。関心がないのではなく、知らないだけなのです。

大学生に戦争遺跡を見て、考えてほしい。その思いを基に、奄美群島に残る第二次世界大戦の痕跡に注目したフィールドワークを、奄美大島・加計呂麻島（二〇一六年度〜）、徳之島（二〇二〇年度〜）、喜界島（二〇二一年度〜）で実践してきました。具体的には、奄美群島における戦争遺跡の現地踏査および現状確認、戦争体験の聞き取り調査、戦争遺跡を介した連携事業（地域連携、高大連携、国際事業）をすすめています。

はじめは鹿児島大学法文学部の考古学ゼミを中心に奄美群島の戦争遺跡の調査を開始しました。次第に関心をもつ仲間が増え、現在では文化人類学や日本史の教員・学生とも連携して活動しています（第Ⅲ章参照）。前述した通り、戦争遺跡は対象範囲や取り扱い方針がまだ定まっていません。そのため、行政主導で調査研究することが困難な場合もあります。多様な学問領域が連携した活動を中立的立場で実践可能な点において、大学が地域の戦争遺跡の調査研究にかかわる意義は大きいです。

[事例一：日米大学合同の加計呂麻島調査]（石田・兼城二〇二〇）

ここでは、二〇二〇年一月に加計呂麻島で実施した日米大学合同調査を紹介します。二〇一六年度に加計呂麻島の戦争関連遺跡を調査しましたが、聞き取り調査を十分にできていなかったため、再調査の計画を立てていました。ちょうどその頃、アメリカのサンノゼ州立大学が「Local and Minority Cultures in Japan」をテーマにして鹿児島‐奄美大島‐沖縄を研修で訪れることを聞き、目的意識が共通することから、合同で調査することになりました。第二次世界大戦で敵対し、米軍統治下におかれた奄美群島の歴史に対して、加計呂麻島一円に良好な状態で残る戦争遺跡にともに対峙したり、実際に戦争を経験した方のお話を聞いたりすることで、現代の日米の大学生の考えを比較できる貴重な機会になりました。

現地調査当日は、瀬戸内町古仁屋の海の駅で合流し、海上タクシーで加計呂麻島に向かいました。加計呂麻島では、まず三浦の艦船用給水ダムを見学し、次に瀬相の旧日本海軍大島防備隊戦闘司令部・大島輸送隊慰霊碑を訪れました。大島輸送隊慰霊碑は、物資輸送時に米軍機に攻撃された輸送艦の犠牲者を弔うために建設されたものであり、加計呂麻島における戦争と米軍の関係を明確に知ることができるモニュメントです。日米の学生ともに、ガイドの説明に聞き入っていました（写真3）。続いて、呑之浦の第一八震洋隊基地跡に向かいました。震洋艇格納壕に実際

写真３　瀬相の大島輸送隊慰霊碑

写真４　安脚場の現地での説明

に入って、長さ五メートルの震洋艇が一〇艇格納できるほどの奥深さを体感するとともに、当地とかかわりの深い作家の島尾敏雄について理解を深めました。

その後、渡連の待網崎農村公園に向かい、聞き取り調査協力者と合流しました。ここは実際に米軍機から攻撃され、大きな被害をうけた場所です。「ものすごい音を立てて、機銃掃射で近くを撃たれた」「飛行機がきたらすぐに逃げるために、ずっと空を見ていた」「戦争と一緒にずっと暮らしていた」などの実体験からは、戦争の真の恐怖を感じました。残された施設を見るだけでは分からない、経験した人間ならではの言葉の重みがありました。

安脚場には、弾薬庫や防備衛所などの複数の施設が非常に良好な状態で残っており、戦跡公園として整備されています。ここでも、各施設の構造上の特徴や、戦時中の兵隊たちの生活などについて、協力者にお話をうかがいながら回りました（写真4）。

加計呂麻島では二名の方にご協力いただき、お話を聞きました。事前に準備した質問項目を共有した上で、鹿児島大学側は主に加計呂麻島の人びとが経験した戦争の実態について質問し、サンノゼ州立大学側は主に戦後の復帰運動を中心とした質問を行いました（写真5）。質問はすべて学生が行い、教員は司会やタイムキーパーの役割を担いました。戦時中は「疎開小屋」と呼ぶ簡易的な家を山中に作って暮らし、食糧を得るために山中を開墾して畑を作って飢えをしのいで

写真５　聞き取り調査

いたものの、それでも足りずに軍隊の人でさえも食糧を分けてほしいと民家を訪ねてきたことがあったそうです。また、集落によっては住民と軍隊が親しく交流していたエピソードもありました。戦後の復帰運動に対する向き合いかたについても、加計呂麻島ならではの興味深い意見を聞くことができました。

現地調査終了後、参加者全員で議論しながら調査成果を整理してポスター（図１）を作成し、加計呂麻島現地の展示施設で掲示しました。

学生たちは、戦争体験者の話を聞きながら各地に残る戦争にかかわる痕跡を実際に見ることで、それぞれの国でこれまで学んできた戦争の歴史が一面的で断片的なものにすぎないこと、戦争をステレオタイプに捉えがちであったがローカルな文脈では多様な認識が存在することを知り、新鮮な衝撃を受けた

図1　加計呂麻島調査成果ポスター

ようです。ともに戦争を知らない世代になったからこそ、残された戦争遺跡に平等な立場で対峙することができます。加計呂麻島での出来事を地域史にとどめるのではなく、人類史に位置づけることで、再び争うことのない世界を形づくる礎となることを期待します。

［事例二：デジタルコンテンツを活用した戦争遺跡体験］（石田二〇二二）

二〇一九年にはじまった新型コロナウイルス感染症の世界的流行にともない、人びとの行動が制約されました。島にも行けなくなりました。しかし、よく考えると、鹿児島県は本土部から島嶼地域に至る広範囲や山間部に戦争遺跡が点在するためアクセスが困難であり、崩落やハブなどの安全性の点からも現地を訪れるタイミングが制約されることから、戦争遺跡の活用を推進するには以前から課題が多かったことに気づきました。

そこで、戦争遺跡に対する理解や関心を深め、参加体験型の学びへと展開することを目的として、デジタルコンテンツを活用した戦争遺跡体験イベントを二〇二一年五月に鹿児島大学で実施しました。各地の戦争遺跡で撮影した三六〇度画像を遺跡踏査に準じたストーリーに編集しました。体験者はＶＲヘッドマウントディスプレイを装着し、コントローラを用いて自由に画像を閲覧します。体験者が閲覧している画像はＰＣにミラーリングして会場のスクリーンに投影し、参

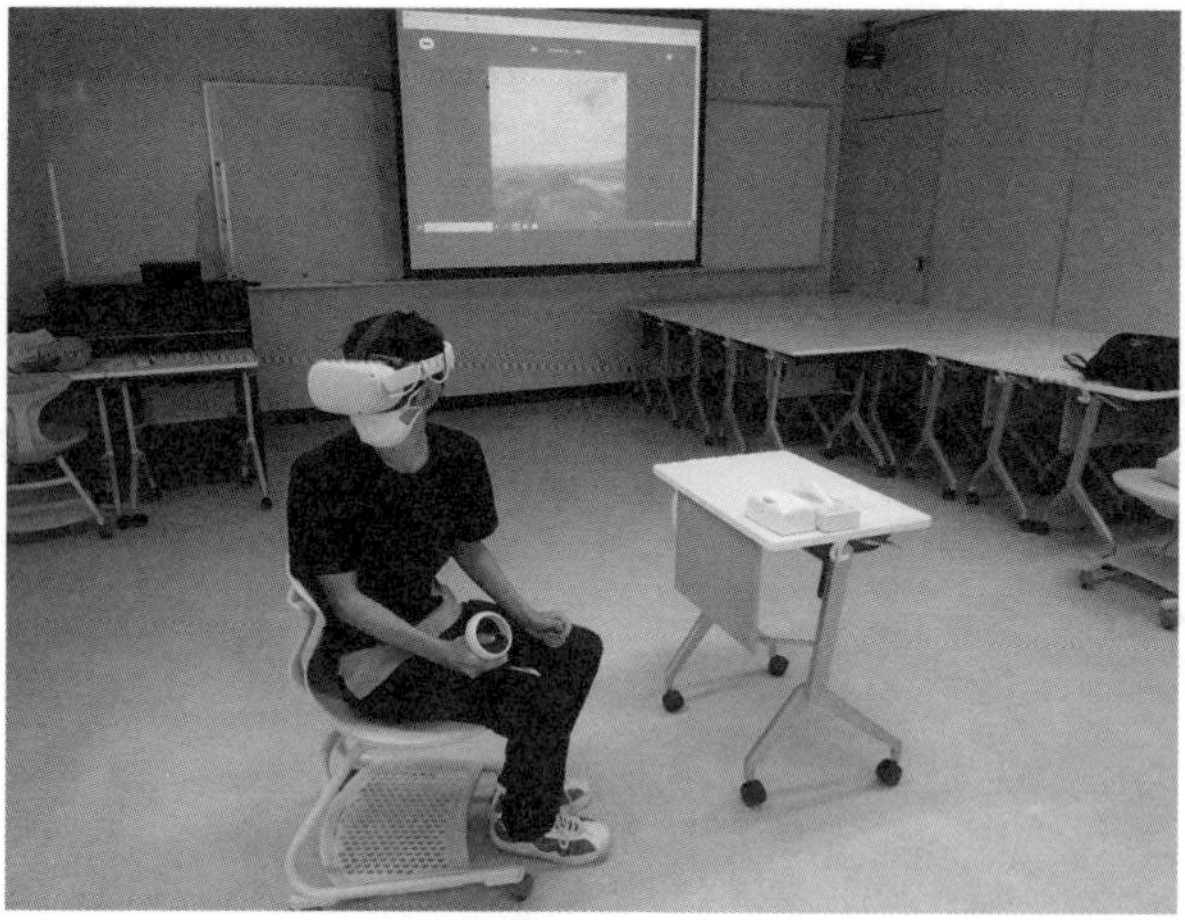

写真6　戦争遺跡体験の様子

加者と共有しました（写真6）。体験終了後、参加した学生や教員と意見交換しました。

写真に比べると三六〇度画像の方が没入感があり、周囲の状況を立体的に把握できます。特に地下壕などの屋内空間の画像は現地で内部に入っている感覚を抱くようでした。戦争遺跡のありのままの現状を見せることで、草木に埋もれた構造物を発見する楽しさがあるとともに、風化や崩壊している状況の認識につながります。

戦争遺跡に関心がある人は自発的に現地を訪れますが、あまり関心がない人は行動しません。気軽に戦争遺跡を体験することで興味関心をもち、現地訪問を促す動機づけになります。ただし、やはり現地で実物を観察しなければ分からない情報も多く、だからこそ現地に本物を残す意義について考えること

写真７　佐仁の万歳岩
万歳岩（左側）と集落（右側）の位置関係

にもなります。

４　フィールドに残る戦争の記憶

戦争遺跡を巡る時はいつも道に迷います。未整備の戦争遺跡は目立たない場所にあることが多く、案内板もないからです。学生との踏査中、事前に調べた目的地の場所が分からず、奄美大島の笠利町佐仁集落で地元の方に道を尋ねました。その時に、海辺にある「万歳岩」（写真７）のお話を聞きました。戦時中には、集落から砂浜を渡って万歳岩の上に立ち、船で出征する若い男性が見えなくなるまで見送る場所だったそうです。万歳岩の説明板は設置されていません。何も知らなければ、普通の岩にしか見えません。地元の方に話を聞くことで、場所の意味やエピソードを初めて知ることができました。この

写真８　カムィヤキの森の塹壕通り

ように、軍事施設のような人工物だけでなく、自然景観や場所にも戦争にまつわる記憶が残されています。戦争遺跡とはいえなくても、地域の人にとっては戦争との接点です。こと細かに記録しなくては、記憶は失われてしまいます。

戦争遺跡はフィールドミュージアムの構成要素にもなります。大島海峡西口の西古見砲台跡（奄美大島）および東口の安脚場砲台跡（加計呂麻島）は現地に行くことで、施設の残存状況や分布密度に圧倒されますが、入り組んだリアス海岸を体感しながらたどり着く立地、地形や地質、見晴らしのよい景観などからも、この場所に要塞が設置された意味を深く理解できます。

徳之島の「カムィヤキの森」（大島郡伊仙町）には、中世に大規模な陶器生産が行われた国史跡カムィヤキ古窯跡群があります。照葉樹の森の中には、第二次世界大戦時に旧日本軍が掘った塹壕が無数に残っており、一部はエコツアーのコース（塹壕通り）として活用されています（写真8）。このように、自然と歴史と文化を複合的に体感するコースに戦争遺跡を組み込むことで、楽しみながら地域の歴史を学ぶ機会になります。ここで重要な役割を果たすのがガイドです。自然に溶け込んでいる戦争遺跡の存在を指し示し、適切な解説を加えることで、意味のある風景へと変化させます。

5　戦争を体験していないわたしたちができること

奄美群島の戦争遺跡と関わりはじめて七年経ちました。その過程で、戦争の記憶を未来につなぐために調査研究を続ける文化財担当者や郷土史家、次世代に継承する活動に積極的に取り組む学校教員、安全に見学できるように草刈りなどの管理作業を自主的に行う地域住民、より深い理解を手助けしてくれるガイド（第Ⅳ章参照）など、たくさんの方のおかげで戦争遺跡を訪れることができると知りました。

活動当初は、戦争遺跡の調査に対する地域住民の拒否反応があることを心配しましたが、実際は逆で、「住んでいる土地のことをもっと深く知るために、自分も戦争遺跡がある場所に行ってみたい」と興味をもたれることが多く、家族から聞いた戦争にかかわるエピソードや付近に残る戦争の痕跡を話してくださることもあります。一方で、「地域にとって不都合で辛い歴史は残す必要がない、余計なことをするな、明るい歴史だけ残せばいいんだ」と否定されることもありました。はたしてそうでしょうか。

最近まで多くの人にとって戦争は遠い存在であり、非日常であり、過去でした。しかし、同時代で戦争が起きている現在、戦争が身近で日常的なものとなり、関心や危機意識をもつ人が増えているように思います。私自身も、戦争への関心を深めるにつれて、各地の戦争遺跡や平和資料館を訪れる機会が増えました。展示施設を観覧していると、時間をかけてゆっくりじっくり見学する若者や外国人が多いことに気づきます。展示資料をじっと見つめて静かに佇んだり、手で顔を覆って椅子に座り込んだりする彼らの姿を見るたびに考えさせられます。戦争遺跡の評価や保存活用をめぐっては、多様な意見や感情があり、イデオロギーや政治性とかかわる場合もあります。だからこそ、現代の価値観だけで過去を抹消することはできません。多様な価値観を許容しつつ、戦争遺跡を媒介として議論を重ね続けることが、平和な時代を生きるわたしたちのできることです。

戦争体験者の高齢化にともない、実体験を直接聞く機会が減少しつつある現在、遺跡・遺物などの場所やモノを介してヒトへ継承する機会の重要度が高まっています。戦争遺跡は、未来の人類が過去を知る権利を保障し、現在の平和が当然のものではないことを呼びかける存在です。これは人為災害である戦争だけでなく、自然災害や感染症にかかわる記憶や記録の継承にも波及する問題です。人類が経験してきた大事な記憶や記録を未来に守り伝えるために、長期的視座をもつ考古学が担う役割は大きいでしょう。そのためには、相当の努力と工夫が必要です。最善の方法は分かりません。それでも、わたしたち一人ひとりが今行動することで、歴史が紡がれていきます。

まずは戦争遺跡を訪れてください。そして、考え続けてください。奄美群島から世界にむけて発信できることがあるはずです。

【付記】本章は石田（二〇二一a・二〇二一c・二〇二二）および調査報告（石田二〇一七・二〇二一b、渡辺・石田二〇一八、石田・兼城二〇一九・二〇二〇）を基に作成しました。

参考文献

石田智子　二〇一七「奄美大島瀬戸内町における戦争関連遺跡の考古学調査」『南九州・南西諸島を舞台とした地域中核人材育成を目指す新人文社会系教育プログラムの構築』平成二八年度

教育研究活動（プロジェクト等）概算要求事項報告書、鹿児島大学法文学部・人文社会科学研究科、一〇一～一二二頁．

石田智子二〇二一ａ「戦争遺跡と大学教育」『持続する志』岩永省三先生退職記念論文集、中国書店、五二九～五三九頁．

石田智子二〇二一ｂ「徳之島における文化遺産の現状調査」『令和二年度「世界自然遺産候補地・奄美群島におけるグローカル教育研究拠点形成」報告書』、鹿児島大学法文学部、一三～二一頁．

石田智子二〇二一ｃ「記憶を未来につなぐ戦争遺跡」山本宗立・高宮広土編『魅惑の島々、奄美群島―歴史・文化編―』鹿児島大学島嶼研ブックレット一五、北斗書房、三〇～三三頁．

石田智子二〇二二「デジタルコンテンツを活用した戦争遺跡体験」『鹿児島大学法文学部紀要人文学科論集』八九、一～一〇頁．

石田智子・兼城糸絵二〇一九「奄美大島の戦争をめぐる「記憶」の記録と継承―考古学と文化人類学の共同研究―」『南九州・南西諸島を舞台とした地域中核人材育成を目指す新人文社会系教育プログラムの構築』平成三〇年度教育研究活動（プロジェクト等）概算要求事項報告書、鹿児島大学法文学部・人文社会科学研究科、四〇～五三頁．

石田智子・兼城糸絵二〇二〇「鹿児島の戦争をめぐる「記憶」の記録と継承―考古学と文化人類

学の共同研究―」『南九州・南西諸島を舞台とした地域中核人材育成を目指す新人文社会系教育プログラムの構築』令和一年度教育研究活動（プロジェクト等）概算要求事項報告書、鹿児島大学法文学部・人文社会科学研究科、四五～六六頁.
上田耕二〇二一「戦争遺跡―飛行場跡と関連遺跡の調査から―」『鹿児島考古』五〇、一二五～一三二頁.
小野雅章二〇一四『御真影と学校―「奉護」の変容』、東京大学出版会.
鼎丈太郎編二〇一七『瀬戸内町内の遺跡二』瀬戸内町文化財報告書第六集、瀬戸内町教育委員会.
鼎丈太郎編二〇二二『瀬戸内町内の遺跡三』瀬戸内町文化財報告書第七集、瀬戸内町教育委員会.
菊池実二〇一七「戦後七〇年と戦争遺跡」文化財保存全国協議会編『文化財保存七〇年の歴史』、新泉社、二九二～三〇八頁.
十菱駿武・菊池実編二〇〇二『しらべる戦争遺跡の事典』、柏書房.
橋本達也二〇一六「戦後七〇年と鹿児島の戦争遺跡考古学」『鹿児島考古』四六、四五～五〇頁.
橋本達也二〇一八「鹿児島近代の戦争遺跡と戦争遺跡考古学」鹿児島大学法文学部編『大学的鹿児島ガイド』、昭和堂、一四一～一五五頁.
前迫亮一二〇〇三「発掘された鹿児島の戦争関連資料について」『鹿児島考古』三七、

五九～八〇頁．

森幸一郎二〇二一「統計資料からみる鹿児島県の埋蔵文化財保護のこれまでと今後の展望」『縄文の森から』一三、鹿児島県立埋蔵文化財センター、三一～四四頁．

八巻聡二〇一六「鹿児島の本土決戦準備」『鹿児島考古』四六、五～一三頁．

渡辺芳郎・石田智子二〇一八「地域自治体との連携による文化財調査」『南九州・南西諸島を舞台とした地域中核人材育成を目指す新人文社会系教育プログラムの構築』平成二九年度教育研究活動（プロジェクト等）概算要求事項報告書、鹿児島大学法文学部・人文社会科学研究科、八九～一〇九頁．

Ⅲ　シマの戦争を聞く

兼城糸絵

1　戦争体験をいかに記録するのか

戦争体験者の多くがこの世を去り、もはや戦争体験を直接聞いて継承することが困難な時代が到来しています。戦争体験の継承については、特にこの危機的な状況をいかに乗り越えていくかという視点からさまざまな議論が行われています。

例えば、蘭は戦時に大人として戦争を体験した世代が不在になることで戦争体験を直接聞けなくなる、あるいは戦争体験を伝える実践者が体験者から非体験者に交代していく時代状況を〈ポスト戦争体験の時代〉と位置付けています（蘭　二〇二一：三七）。その上で、戦争体験をなぜ継承するのか、そしてそれはどのようなかたちであれば可能なのかを新たな研究動向を含めて議論しています（蘭・小倉・今野二〇二一）。同様な視点でいえば、後世へ戦争の記憶を伝えていくか手段として、ヒトによる証言だけでなく、さまざまなモノ資料の活用（第Ⅱ章参照）も有効だとする議論もあります。

一方で、モノに語らせるにしても、そもそもその地域で何が起きていたのかという事実を集め、適切なかたちで残しておく必要があります。では、地域においてどのように戦争体験を収集し、継承していけばよいのでしょうか。

このような問題を考えるための第一歩として、本章（注1）では大学生とともに奄美大島と徳之島で行ってきた戦争体験の収集活動を紹介します。のちに述べるように、我々の調査では戦時の暮らしと戦争遺跡の関わりにフォーカスをあてて調査を行ってきました。これらの取り組みについて紹介した上で、戦争体験を「日常」という視点から拾いあげていく意義について考えていきます。

2　文化人類学・考古学ゼミの合同フィールドワーク

わたしたちは、二〇一八年度から現在に至るまで鹿児島大学法文学部の文化人類学ゼミ・考古学ゼミの有志と協力して、「シマの戦争」をテーマにした合同フィールドワークを行ってきました。二〇一八年度には奄美大島の龍郷町、二〇一九年には瀬戸内町（加計呂麻島）で調査を行いました。コロナ禍のため二〇二〇年度・二〇二一年度のフィールドワークを行えませんでしたが、二〇二二年度は徳之島の天城町、そして二〇二三年度は伊仙町でフィールドワークを実施しました。

合同フィールドワークは、基本的に次のような流れに沿って行っています。まず、事前に参加者を集めて戦時下の奄美群島に関する勉強会を行います。勉強会では、調査を行う地域の情報や戦争前後の状況について情報を集め、皆で共有していきます。その際には主に市町村誌や戦争体験をまとめた証言集を読み、戦時下の出来事について学んでいきます。では、なぜこのような事前学習が必要なのでしょうか。インタビュー調査の場合、質問者自身が言語化できることしか質問できないからです。別の言い方をすれば、質問者が知らない・わからないことは質問できないということです。とりわけ、戦時下の暮らしについて話を聞くためには、当時の状況も含めて現地のことをしっかり理解しておく必要があります。そのため、可能な限り事前に勉強会を行うように心がけています。

次に、勉強会で学んだことを踏まえて、質問したい項目をまとめていきます。大学生にとって初めてのフィールドワークとなりますので、本番の際に緊張しすぎて質問を忘れてしまうことも多々あります。そのため、参加者全員で質問項目を作成し、可能なかぎり覚えるよう努めています。このような準備を行った上で、現地に向かいます。現地では、まず戦争遺跡の調査を行います。

写真９　調査風景（撮影：石田智子）

もし遺跡の状態が良ければ、考古学ゼミのみなさんが中心になって実測を行います。それから、全員で聞き取り調査を行っています（写真９）。聞き取り調査の際には、調査協力者のご自宅にお邪魔することもあれば、公民館のような場所をお借りして行うこともあります。

調査を終えて、大学に戻ったあと再び勉強会を行います。勉強会では、調査成果を共有し、さらにポスターにまとめていきます。そして、ポスターが完成したら、現地の博物館等に展示してもらっています（第Ⅱ章参照）。

3　ケーススタディその1：奄美大島（龍郷町）

ここでは、二〇一八年一二月に龍郷町で実施した聞き取り調査について紹介していきます。龍郷町には、旧赤尾木送受信所の無線塔（赤尾木集落）、旧海軍桟橋跡や特攻基地跡（屋入集落）、旧秋名小学校の奉安殿（秋名・幾里集落）、旧日本陸軍通信所跡（長雲峠）などの戦争遺跡があります。

東によれば、龍郷町において最も空襲の被害を受けたのが通信施設である無線塔および長雲峠につくられた警備隊の兵舎だったそうです（東　一九八三）。そのため、赤尾木や長雲峠では激しい空襲が行われたほか、その周辺地域でもたびたび空襲の被害が生じていたといいます。東が調査したところによれば、龍郷町の内外で亡くなった住民は九名とのことでしたが（東　一九八三）、出征者を含めるとさらに多くなると思われます。

二〇一八年度の調査では、戸口集落および秋名・幾里集落出身者計五名（男性二名、女性三名）の方にご協力いただきました。お話を聞かせてくださった方々はいずれも七〇代〜八〇代（二〇一八年現在）の方でした。

実のところ、「地域（地元）の戦争の記憶」を聞くことは簡単なことではありません。なぜならどのような方にお話を聞くのかによって、聞ける内容が変わってくるからです。例えば、戦時中に成人していた世代の場合、男性だと出征や勤労奉仕のために地元以外の場所で戦争を体験していることがあります（もちろんそのような体験も貴重な記録となります）。そのため、シマの戦争を把握するためには、当時大人だった世代であれば高齢者や女性、あるいは子どもだった世代の方にお話を伺った方がよいと考えています。無論、人間には寿命がありますのでそれでも限界はあります。ただ、幸いなことに奄美群島は元気な長寿者が多く、戦時中に大人だった世代の方々に直接お話が伺えるチャンスがまだ残っています。その意味でも奄美群島における戦争体験の調査は喫緊の課題だといえます。

さて、二〇一八年度の調査では、次の四点を中心にお話を伺いました。

（一）戦争当時の暮らしのようす
（二）学校生活と奉安殿の関わり
（三）その他の戦争遺跡との関わり
（四）龍郷町の戦後の暮らし

（一）についてはまず戦中期の生活パターンを押さえた上で、衣食住に関する話題、特に食料生産と生業のようすを中心にお話を伺いました。また、（二）関しては、当時の学校生活について細かくお話を伺いました。これは今回の調査に協力してくださった方々が戦争当時六歳〜一六歳（つまり子どもだった世代）であることに由来します。龍郷町には奉安殿が残されているため、特に奉安殿との関わりに焦点をあてることにしました。そして、（三）については話者たちが当時子どもだったこともあり収集できる情報には限界がありました。しかし、子どもながらに覚えていた光景について教えていただきました。（四）については終戦直後から復帰運動に至るまでの時期における暮らしの変化について集中的に話を伺いました。

では、実際にみなさんが体験した「戦争」とはどのようなものだったのでしょうか。どの話者も口を揃えて「とても大変だった」と語っていました。戦争が激しくなるにつれて、本土との補給路が断たれたこともあり、とにかく物資が不足し、ひもじく苦しい生活が続いていたそうです。学校から帰ると農作業や子守仕事を手伝い、敵機がやってくると急いで山の裾野や自宅近くに作った防空壕に隠れるような生活でした。敵機は毎日やってくるとは限らなかったといいますが、終戦間近の昭和二〇（一九四五）年頃は絶え間なく空襲が起きていたそうです。なかには、焼夷弾が落ちて民家が焼けてしまう被害もあったそうです。

軍事施設の建設作業について覚えている方もいました。ある方は「母親たちが「愛国婦人会」として奉仕活動に参加していた」「海の砂をとり、それを担いで山の方へ運んでいたようだ」と話していました。軍事施設に関することは機密事項であったため、当時奉仕作業に参加していた方々は何を作っているのかわかっていなかったようですが、多くのシマの人々が軍事施設の建設に協力させられていたことがみえてきました。

そして、当時の学校生活についてもさまざまなお話を聞くことができました。小学校（当時は国民学校）ではいわゆる軍国主義教育が行われていました。小学生は「少国民」と位置付けられ、朝礼の際には「教育勅語」を暗誦し、通常の学習に加えて竹槍訓練や手榴弾の投げ方も教わっていたそうです。他にも、訓練の一環として「立木打ち」を行っていたといいます。「立木打ち」とは、土の中に埋めた棒に木刀を打ち込むという訓練で、示現流で広く取り入れられていた訓練法と類似のものではないかと推測しています。ちなみに、訓練として「立木打ち」を行っていたというエピソードは、奄美の各地で聞くことができました。

また、当時の小学生にとって奉安殿はいわば「神の区域」だったようです。奉安殿は小学校の敷地内の東側に作られ、中には天皇・皇后の写真（御真影）と教育勅語が納められていました。朝晩の登下校時には必ず奉安殿に向かって一礼していたそうです。式典があると白い手袋をつけた先生が奉安殿の中から天皇の写真を取り出しますが、子供たちはそれを直視することはできず、ただひたすら敬礼していたそうです。時に、先生に怒られた生徒が罰として奉安殿の前に正座させられるようなこともありました。

当時の学校生活の中で特筆すべきは、方言札の存在です。方言札とは標準語指導で取り入れられた方法で、学校で方言を話すと方言札なるものを持たされ、その札を持っている人に対し懲罰が与えられるというものです（注2）。鹿児島県や沖縄県では地域独自の方言がよく話されていたということもあり、標準語普及を目的として戦前から行われていました。話者によれば、当時学校で少しでも方言を使うとすぐに方言札をかけられてしまい、一日の終わりに方言札がかかっていた子は罰として掃除や草むしりをさせられていたそうです。なんとか罰を逃れたいという思いで、わざと友達に方言を話させるようなイタズラもしていたといいます。

ここまで見ると、平時の学校生活とはずいぶん異なる過ごし方をしていたことがわかります。一方で、話者のみなさんにお話を伺っていると、そのような状況下でも子どもらしい日常を過ごしていたようすも見えてきました。例えば、ある話者は川や海で魚を取ったりしていたことや友人たちとチャンバラや竹馬をして遊んでいたことを懐かしそうに話していました。空襲による恐怖を感じ逃げ惑うような日もあった一方で、もしかすると私たちとある意味で変わらない「日常」を過ごしていた日もあったのかもしれません。

はじめて調査に参加した学生のひとりは、のちに「つらい戦争の中でも、子供たちが前向きに、時には今の子たちと変わらずむじゃきに過ごしていた当時の雰囲気を少しだけ垣間見れたことが印象に残っています」という感想を書いていました（石田・兼城　二〇一九：五〇）。同様に、怖いはずの戦争が楽しい雰囲気で語られていたことが印象的だったと述べていた学生も複数いました（注3）。また、戦争といえば、空襲や地上戦といった戦闘シーンばかり想像しがちでしたが、戦時下の生活という視点から話を伺うことで、これまでに経験したことがないほど戦争をリアルに感じ取ることができたと述べていた学生もいました。

大学生がイメージする「戦争」とは、例えば広島や長崎における原爆投下や沖縄戦など、ある意味では「大文字の歴史」に留まりがちです。ですが、「大文字の歴史」では見えてこない「個人が体験した戦争」をじっくり聞くことで、戦争をより身近なものとして捉えることができたようでした。

4　ケーススタディ2：徳之島（天城町・伊仙町）

ここでは二〇二一年および二〇二三年に徳之島（天城町・伊仙町）で実施した聞き取り調査について紹介します。徳之島には奄美守備隊の独立混成第六四旅団の司令部がおかれ、特に天城町の大和城山を中心に多くの軍事施設がつくられていました。現存する戦争遺跡としては、旧陸軍浅間飛行場跡（天城町）や鹿浦小学校の旧奉安殿（伊仙町）などが挙げられます。
資料（注４）によれば、天城町では最初の空襲（昭和一九（一九四四）年一〇月一〇日）以降、度重なる空襲により四五名の命が失われました。それ以外にも、住宅が焼失・倒壊した被害も数多く発生しました。また、聞き取り調査によれば、地域によって空襲の程度に差があったようです。飛行場があったこともあり、天城町では頻繁に空襲があったようですが、伊仙町は天城町ほどひどくはなかったようです。とはいえ、伊仙町でも戦争が終わりに近づくにつれて敵機が襲来する回数も増加したといいます。

龍郷町での調査と同様に、徳之島でも戦争当時子どもだった世代（七〇代～九〇代）の方々を中心にお話を伺いました。龍郷町での調査と共通する点として、徳之島（伊仙町）にも奉安殿が残されているという点が挙げられます。そのため、伊仙町での調査では、奉安殿との関わりについてもお話を伺いました。

全体的な印象としては、奄美大島と同様に、徳之島でもやはり過酷な生活を送っていた様子が伺えました。共通していたことはとにかく物資が不足し、食べるものがなかったということです。ほとんどの方が「とにかく空腹だった」とお話しされていました。米をなかなか植えることができなかったため、イモやソテツで食い繋いでいたそうです。

なかでも印象的だったのが、飛行場建設に関するお話でした。戦況の悪化にともない、昭和一八（一九四三）年一〇月には天城町の浅間集落に飛行場を建設することが決まり、その年の一二月から建設作業が始められました。徳之島のみならず沖永良部島や与論島からも人夫を徴用し、ほぼ突貫工事のようなかたちだったそうです。当時はブルドーザーのような重機もなく、徴用された人々はツルハシやモッコを使い人力で飛行場を作らざるを得なかったといいます。お話を聞かせてくださった方々は、当時小学生でしたが、週に一回イモを持参してお手伝いをしていたといいます。時折空襲によってせっかく作った滑走路が壊されることもあったようですが、その都度人力で直していたそうです。水もないため、風呂も入れず、洗濯もできないことから、作業をしていた方々はノミやシラミで相当な苦労をしたといいます。それでも「日本のため」だと思い、働いていたそうです。

同様の話は伊仙町でも聞くことができました。ある話者の父親は浅間の飛行場建設のために出かけていき、泊まりがけで働いていたそうです。ようやく父親が帰ってきたものの全身シラミだらけだったため、母親が風呂場でそれらを一生懸命駆除していた様子を覚えているといいます。

また、当時の学校生活に関しても、奄美大島で伺った話と共通していることがありました。授業内容について伺ったところ、やはりカリキュラムには軍国主義的な要素が取り入れられていたようです。「立木打ち」のような軍事訓練も行われていたといいます。伊仙町で調査を行った際には鹿浦小学校の奉安殿についてお話を伺う機会がありましたが、やはり龍郷町で伺ったお話と同様に、登下校の際は奉安殿に一礼をしなければならなかったといいます。鹿浦小学校を卒業した方は、「式典が行われる際には、白い手袋をつけて正装した校長先生と教頭先生がうやうやしく御真影や教育勅語を取り扱っていた。こどもたちは鼻をすするのも憚られるくらい身動きを禁じられた。とても緊張したことを覚えている」と話していました。そのエピソードから、いかに奉安殿が神聖なものとして認識されていたのかが伺えます。

一方で、方言札に関してはやや異なる話が伺えました。基本的には奄美大島と同じく、方言を話すと罰が与えられることは共通していますが、その方法には微妙な違いがありました。伊仙町で伺った話によると、方言札の「罰」は学校近くの砂浜にいって、風呂敷いっぱいに砂を入れて、それを校庭の砂場に入れるというものだったのです。このように書くと簡単な罰のようにみえますが、例えば鹿浦小学校の場合だと地形の関係上砂浜まで急峻な坂道を降りていかねばならず、子どもたちの足だと相当な負担があったのではないかと思われます。

それ以外には、徳之島でも子どもの目線からみた「日常」に関する話がいくつも伺えました。なかには、空襲の際に空から降ってきた薬莢をおもちゃにしてあそぶなど、戦時下ならではエピソードも多数伺うことができました。

5　シマの戦争を考える

ここまでごく簡単にですが、奄美大島・徳之島で行ってきた聞き取り調査の成果を紹介してきました。まだ不十分なところも多々ありますが、これまでの調査を通じて「シマの戦争」の一面を知ることができたように思います。

調査を振り返ってみると、戦争はシマで生きる人々の生活に確実に影響を与えていたと改めて感じています。幸いにも地上戦こそなかったものの、度重なる空襲や食糧不足により、普段どおりの生活を送ることが困難な状況でした。それに、奄美群島が島嶼地域であったということが生活をさらに過酷なものにしたといえるかもしれません。島嶼地域はその地理的な条件も相まって中心部から遠い場所にあることが多く、その分政治的にも経済的にも不利な条件におかれています。ましてや、戦争という非常事態においてはより一層厳しい状況になる上に、ともすれば最前線の戦闘地にもなりえます。それゆえ、「シマの戦争」について考えることは、島嶼地域で暮らす人々の未来を考えるためにも重要ではないかと考えています。

また、戦争を「日常」という視点から考えることにも一定の意義があるといえます。例えば、大学の授業で戦争について取り上げると、大抵の学生は長崎・広島の原爆や沖縄戦のように教科書で学んだ「戦争」を想起しがちです。それゆえ、戦争を知らない世代にとって「戦争」とは、教科書で学ぶ歴史上の出来事であり、自らとは遠い存在のように感じられてきたといえます。

しかしながら、調査からみえてきたように、戦争の最中でも人々は我々と同じく日々働いて食事をし、時には笑ったりふざけたりしながら生きていました。学生たちは、戦争とはいえどもそこには人々の暮らしがあったことを改めて認識することで、自らと戦争を結びつけて想像することができたようです。別の言い方をすれば、戦争とは、日々の何でもない暮らしが巨大な暴力によってないがしろにされることだといえるかもしれません。それを踏まえると、「日常」から戦争を捉えることは、戦争を知らない世代に対して、戦争の複雑な実態をリアルに感じてもらうひとつの手がかりになるのではないかと考えています（注5）。

戦争を直接体験した世代の方々が少なくなりつつあり、当時の状況を知る「生」の声が失われていこうとしています。すでに述べたように、奄美群島で戦争体験を直接伺う機会としては今が最後のチャンスだといえます。人々がどのように戦争という時代を生き抜いてきたのかをできるだけ「生」の声にもとづいて集めていくこと、そしてそれらを誰にでも参照可能なように文字にしていくことが必要だといえます。そうして編まれた戦争の記録は、戦争を知らない世代に戦争のことを伝える上でも重要な資料となっていくといえます。

地域の過去や「シマの戦争」を適切なかたちで継承していくためにも、まずは地道な調査が欠かせません。微力ではありますが、これからも大学生や地元の方々と協力して「シマの戦争」に関する調査をすすめていきたいと思います。

注

（1）本章は石田・兼城（二〇一九）のうち、兼城が執筆を担当した部分と兼城（二〇二一）をもとに大幅に改稿したものです。

（2）方言札にはさまざまな形式があると言われていますが、龍郷町で伺ったところによれば首からかけるタイプだったようです。

（3）これに関しては、現在楽しそうな雰囲気で「過去」について語っていたとしても、実際にその「過去」が楽しかったわけではない場合があることに留意しなければなりません。

（4）『戦後七〇周年記念誌　特集　写真で見る戦時下の徳之島～天城町を中心にして～』（天城町企画課発行）より。

（5）同様に戦時の暮らし（日常）に注目しながら、戦争体験について議論した研究として佐藤

（二〇二二）が挙げられます。佐藤は、出水市におけるインタビュー調査に基づきながら、戦争体験がもつ複合性と重層性について論じています。

参考文献

蘭信三　二〇二一「課題としての〈ポスト戦争体験の時代〉」『なぜ戦争体験を継承するのか―ポスト戦争体験時代の歴史実践』蘭信三・小倉康嗣・今野日出晴（編）、みずき書林、七～四一頁.
蘭信三・小倉康嗣・今野日出晴（編）　二〇二一『なぜ戦争体験を継承するのか―ポスト戦争体験時代の歴史実践』みずき書林.
石田智子・兼城糸絵　二〇一九「奄美大島の戦争をめぐる「記憶」の記録と継承―考古学と文化人類学の共同研究―」『南九州・南西諸島を舞台とした地域中核人材育成を目指す新人文社会系教育プログラムの構築』平成三〇年度教育研究活動（プロジェクト等）概算要求事項報告書，鹿児島大学法文学部・鹿児島大学人文社会科学研究科、四〇～五三頁.
兼城糸絵　二〇二一「シマの戦争を聞く」山本宗立・高宮広土編『魅惑の島々、奄美群島―歴史・文化編―』鹿児島大学島嶼研ブックレット一五、北斗書房、三三～三六頁.
佐藤宏之 二〇二二「地域の戦争の〈記憶〉をめぐる歴史実践―新たな価値の創出をめざして―」

『鹿児島大学教育学部研究紀要（人文・社会科学編）』七三、一一〜二七頁．
東健一郎　一九八三「竜郷町の戦時（太平洋戦争）について」『奄美郷土研究会報』第二三号、奄美郷土研究会、七九〜八四頁．

Ⅳ　ふるさとの戦争の記憶を未来へ

佐藤　宏之

1　戦争をめぐる語り

一九四五年の日本の敗戦からまもなく八〇年を迎えようとしています。戦争体験世代や戦争や戦時の生活を少しでも記憶している世代は少なくなり、統計上、日本の総人口の一〇％を切ったといわれています。体験や証言として戦争・戦時が語られる時代から、少数派の戦争体験者と多数派の非体験者によって構成された戦争の記憶が、非体験者からさらに次の非体験者へと継承される時代になったということができます。戦後間もない時期は戦争経験のある人びとが同様の経験を有する人びとに語りかける「体験」の時代であり、それが一九六五年以降になると経験を有する人びとがそれを持たない人びとと交代の兆しを見せる「証言」の時代となり、一九九〇年以降になると戦争の直接の経験を持たない人びとが多数を占める「記憶」の時代といわれるようになりました（成田二〇一〇）。そして現在、体験者の消滅による「風化」の時代とでもいうことができるでしょうか。

このように体験や証言として戦争・戦時が語られる時代から、非体験者からさらに次の非体験者へと継承される時代になったということは、戦争をめぐる語りが、実在としての戦争から書かれたものとしての戦争、記憶として再構成されたものとしての戦争へと移り変わったことを意味します。

そうした実態を目の前にして、わたしたちが体験しえないものを想起するためには想像力に頼るほかありません。しかしながら、戦争そのものが「過去」のものになったため、戦争の事実や真実を理解することが難しくなってきています。これからのわたしたちには、見えないもの、聞こえないもの、触れえないものを、存在しないものとするのではなく、それらに思いをはせる力（想像力）や、平和の尊さを理解し、平和は実現するものと考え、そのために参加する態度を育むことが求められるでしょう。

そこで、わたしたちが、地域における戦争の記憶を思い起こすさい、その手がかりとなるのが戦争遺跡と戦争体験者の証言です。

戦争遺跡には、戦争の遂行・加害に関わるものと爆撃や空襲など戦争被害を示すものがあります。また、近代天皇制の下、「天皇の兵隊」として出征し、死亡した人びとの魂を慰めるために建立された石碑、軍国主義的な記念碑などがあります。こうした招魂碑・戦没者個人碑・戦役記念碑・忠魂碑・忠霊塔・慰霊碑などには、建設の趣旨、建立された年月日、戦死者の氏名が刻まれており、それを通して、身近なところに現実に戦争があったことや、戦争が現実の国民の生活・財産を脅かしていたことを理解することができます。

戦争体験者の証言では、自身の戦場体験、空襲、戦争動員などのさまざまな体験・記憶が語られています。語り手は、「わたしたちが体験したことに悲しみや痛みを感じてほしい」、「戦争の事実を知ってほしい」という気持ちから語ります。そのなかでも、正の記憶といえる栄光の部分(勝ち戦や凱旋など)や被害の部分(空襲体験や疎開など)などは比較的語り継がれやすいといえます。その一方で、負の記憶とでもいうべき秘匿すべき部分(スパイ行為など)や加害の部分(残虐行為や違法行為など)は語り継がれにくいものです。

また、人間はある体験を頭のなかで整理して記憶とします。年月を経るにしたがって、さまざまなデータや情報、価値判断や思いが加わって体験したことを解釈し、整理し続けるため、生の体験がそのまま記憶になるわけではありません。しかも、体験者のその後の学習経験・人生経験や、その時々の社会的価値観に意識的にせよ無意識的にせよ影響を受けつつ、再解釈され続けます。ということは、人びとは過去のできごとを体験し、その経験を保持しながら、その経験をもとに過去のできごとを語るのです（桜井二〇〇二、二〇一二、桜井・石川編二〇一五、小林・浅野編二〇一八）。

さらに、聞き取り調査の場合、聞き手が記録作成の主導権をもち、語り手はあくまでも受動的であるため、聞き手の意図や価値観が反映されやすいといえます。そういう意味で、聞き取り調査による語りは、聞き手と語り手による共同産物ともいえるでしょう。

このように戦争体験者から集めた証言は、以上のような著しい特性を備えているといえます。まもなく「戦後八〇年」を迎えようとするなかで、全国各地でこうした戦争遺跡の発見・発掘や戦争体験の収集が行われてきました。こうした活動は、「なにが起こっていたのか」「なにがあったのか」、戦争の実態を解明するうえで、平和の伝承が「ヒトからモノへ」へ頼らざるを得ない状況下において欠かすことができません。近年、各地で戦争遺跡そのものの保存、戦争遺跡調査の活用、戦争遺跡の記憶を継承する方法のひとつとして、記念館・資料館の建設やそこでの戦争遺跡資料の展示、普及活動が行われています（十菱・菊池編二〇〇二、二〇〇三、戦争遺跡保存全国ネットワーク編二〇〇四、［記憶と表現］研究会編二〇〇五、菊池実・菊池誠一編二〇一五）。しかし、地域に残る戦争の記憶のすべてをまるごと保全したからといって、必ずしもそれが未来に継承されるわけではないということも事実です。存在が忘れ去られたままでも運よく保存され続ける可能性もあるでしょうし、運悪く永遠に失われてしまう可能性もあるでしょう。

戦争の記憶は、ともすれば、現在、わたしたちが触れる機会の多いもの、学校で教えられるもの、インターネットで検索できるものなどに絞り込まれ、露出度の低いもの、教科書に記述されないものは必然的に忘却されていきます。やがて、当事者の物理的な消滅によって、それは「死んだ」記憶となっていきます（武井二〇一七、アンリ・ルソー二〇二〇）。すなわち、出来事を実証する声や身体に直に出逢う機会が永遠に失われたとき、戦争体験の「写し」（写真、映像、証言記録など）や戦争体験の証拠である「痕跡」（遺跡、遺品、記録データなど）しか手がかりがなくなってしまったとき、わたしたちは後世にどのように記憶を継承するのでしょうか。そのために、どのような働きかけが必要なのでしょうか。そのためにも、教師のような他者に意図的に切り取られた戦争体験を、指示されて聞いたり読んだりすることで次世代への継承をめざす伝達アプローチではなく、学習者によって選択された戦争体験を学習者が活用し、他者との共有に開かれた記憶へと再構成するような平和学習の可能性を見出すことが重要です（田口・杉原・佐藤・新名二〇二一）。そして、戦争の記憶を、人びとの日々の生活において有益なものとして活用できて初めて継承した（「伝わった」）といえるでしょう。「語る（伝える）」ことができるのはヒトであり、モノはそのままでは何も語りはしません。あらためて、「モノ、か、ら、ヒ、ト、」へ、体験者も非体験者も、そして世代を超えた人びとによる取り組みが求められるでしょう（佐藤二〇二二）。

ここでは、鹿児島県大島郡喜界町の中里地区で戦争遺跡のガイドを務めている野間昭夫さんへのインタビューをもとに、ふるさとの戦争の記憶を未来へつなぐことの意味について考えてみたいと思います。

2　喜界島と第二次世界大戦

インタビューにはいる前に、『喜界町誌』（喜界町、二〇〇〇年）や大倉忠夫『奄美・喜界島の沖縄戦』（高文研、二〇二一年）をもとに、戦時中の喜界島の様子を確認しましょう。

・軍隊がやってきた

昭和六年（一九三一）、喜界島の中里海岸を整備し、東西に長い海軍不時着飛行場が建設されました。昭和一九年五月、佐世保鎮守府から宮本芳英技術大尉指揮の第三二一部隊が派遣され、不時着飛行場の拡張、誘導路や掩体壕《えんたいごう》、対空砲陣地の構築などの施設建設の任務を負っていました。民間の土木業者である星野組も来島し、集落ごとに割り当てられた人夫、国民学校や青年学校の生徒も勤労奉仕作業に参加させられました。これによって完成した飛行場は、幅二〇メートル、長さ一〇〇〇メートル、東西南北に二つの滑走路があり、どの方向からも離着陸できるようになったのです。この飛行場周辺には、戦闘指揮所や掩体壕、弾薬庫、燃料庫などが作られました。

同年九月、沖縄の小禄《おろく》に司令部をおく南西諸島海軍航空隊（巌部隊《いわお》）の喜界島派遣隊が来島することになります。この派遣隊の指揮官は伊藤三郎大尉で兵力は六〇〇名、離着陸機の給油や整備を行う整備分隊と、飛行場守備の対空砲分隊が中心で、気象班や電信班のほか、医療や主計の分隊もあり、独立の部隊として機能する組織を整えていました。

同年一一月には石井少尉が指揮する海軍部隊が北部海岸に配備されましたが、昭和二〇年二月一一日に徳之島へ移動したため、入れ替わりに安藤末喜大尉が率いる第四〇震洋《しんよう》隊が到着しました。震洋艇（〇四艇・長さ五メートル、幅一・五メートルほど）とは、木製ボートに爆弾を装備して米艦に体当たりする水上特攻隊のことです。第四〇震洋隊には、一人乗り船艇五〇隻と五〇名の搭乗員、それとほぼ同数の補助要員が所属しており、島の北部東岸の早町《そうまち》・白水《しらみず》集落付近に配属されました。震洋艇は背後の丘の麓に掘られた隧道《ずいどう》（トンネル）に格納されていた。

これとほぼ同時期に、後藤三夫中尉が率いる第一一一震洋隊が島の北部西岸の小野津《おのつ》集落付近に配備されました。この第一一一震洋隊は、二人乗り船艇二五隻と五〇名の搭乗員、それとほぼ同数の補助要員が所属していました。

また、花良治《けらじ》の北方二一一高地には磨田兵曹長が率いる電波探知機隊が配備され、来襲する米軍機や航行する軍艦の位置を電波でとらえて戦闘部隊に伝えていました。

こうして海軍の不時着飛行場があった喜界島は、沖縄戦を前にして、航空作戦上の重要な基地として位置づけられたのです。

この間に建設された戦闘指揮所（写真10）、掩体壕（写真11）、震洋艇の格納庫（写真12）、電波探知機跡（写真13）は、現在も戦争遺跡として保存されています。

また、飛行場跡に、旧海軍航空基地戦没者慰霊之碑建立期成会会長・海軍主計大尉・関根廣文、他会員一同、碑建立発起人代表・宮原清三、協賛会会長・喜界町長・野村良一、喜界町町民一同によって、平成六年（一九九四）に「海軍航空基地戦没者慰霊之碑」（写真14）が建立されました。その碑文には、「喜界島海軍基地は、昭和十九年、国土防衛の最前線基地として拡張整備され、七月海軍　巌部隊が常駐することになった。米軍沖縄上陸後は、戦争遂行上の最重要戦略基地として連日連夜にわたって米軍機の猛攻撃を受けながら、特攻機の整備出撃に多大の貢献をした。しかし、この間莞爾（にっこり微笑んで）として沖縄に向け飛び立ち、遥か征って帰らざる壮途（前途に大きな希望をもった勇ましい門出）につかれた若き勇士たちをはじめ、巌部隊員で特攻機の出撃準備中の整備兵、防空防衛の任務遂行中の砲台員等で戦死された人達も多かった。ことに基

写真 10　戦闘指揮所跡

写真 11　掩体壕跡

写真 12　震洋艇の格納庫跡

写真 13　電波探知機跡

写真 14　海軍航空基地戦没者慰霊之碑

地開設五十周年にあたり、これら戦死者の霊を慰めるとともに、永久の平和を祈念して慰霊碑を建立するものである」（括弧内は筆者注）と記されています。

・強制疎開

戦況が悪化すると、鹿児島県知事は、昭和一九年（一九四四）七月一五日、薩南諸島の住民に対し、強制疎開を命じました。大島支庁長・郡内町村長・警察署長による合同会議が開催され、喜界島の両町村では由良隊長・警察署長・翼賛壮年団長らが各校区、または集落ごとに説明し勧誘しました。満六〇歳以上の老齢者、一般女子、国民学校の児童、その他病弱者が該当し、生産に従事できる者の疎開は認められませんでした。疎開するさいに携帯できる荷物は一人二個以内、渡航運賃は県費負担とし、疎開中は一人一日五〇銭程度の生活費を補助すること、そして受入先は伊佐郡菱刈町（現伊佐市）とする命令でした。一日五〇銭程度の生活費補助だけで疎開先で生活できそうもなく、老齢者のなかには島から離れることを好まず、疎開該当者の多くは死なば諸共と郷土に残る者も多かったようです。旧喜界町で一五〇名が疎開したと言われています。昭和一九年九月ごろから第一次、第二次と島を離れ疎開先へと向かいましたが、昭和二〇年三月一六日以降は本土との交通が途絶したため疎開もできなくなってしまいました。

終戦後、それら疎開した人びとも帰島しましたが、なかにはそのまま県本土に永住する人もいました。

・初めての空襲

昭和二〇年（一九四五）一月二二日八時四八分、島の北東海岸上空から敵艦上機F４F一八機が飛来しています（『南西諸島海軍航空隊喜界島派遣隊戦時日誌』）。一隊九機は飛行場・湾・赤連を爆撃し、その時に投下された爆弾で、死者五名、負傷者一名、住宅数戸が爆破され、九時三〇分に撃退しました。もう一隊九機は小野津集落を襲い、一五の爆弾を投下し、死者一八名、負傷者一名、家屋の損壊一〇数戸の被害が出ました。この初空襲での喜界島全体の死者は二三名、負傷者三名でした。その後、三月まで空襲はありませんでしたが、三月一日から空襲が再開され、飛行場や対空陣地に近い中里《なかさと》・湾《わん》・赤連《あがれん》集落が爆撃を受けました。三月二四日の空襲では、北部東海岸の志戸桶《しとおけ》集落をはじめ東海岸の集落に焼夷弾攻撃が集中的に行われ、模擬飛行場のある志戸桶集落で一一二戸、〇四艇の基地である小野津集落六九戸、早町で一三戸、嘉鈍《かどん》集落で八二戸、塩道《しおみち》集落で五四戸焼失し、西海岸の集落では赤連で九戸を焼失するなど、計三三九戸の民家が焼き払われました。米軍は、次第に軍事施設だけでなく、島内の建造物（学校・港・道路・船舶など）を無差別に焼き払うようになっていました。

住民は空襲が激しくなると家庭防空壕を離れ、集落から一～二キロメートル離れた丘の麓にあるモヤ（喪屋）や岩陰に防空壕を移した小屋を作って住んだり、山手の集落へ避難する人びとも多くなっていました。

・空襲による被害状況

喜界島の空襲による被害は、全戸数の約半数にあたる一九一〇戸、死者一一九名、負傷者三〇名でした。特に被害が大きかったのは飛行場近くの中里集落で、七月一五日に一四〇戸のすべてが消滅することになりました。

3　野間昭夫さんへのインタビュー（写真15）（インタビュー内の括弧内は筆者注）

野間昭夫さんは、「喜界島シマあるきガイド　よんよ～り喜界島」の「中里（ナートゥ）コース」で戦闘指揮所跡や掩体壕など、多くの戦争遺跡のガイドをしています。

――お生まれはいつですか？

「昭和二一年(一九四六)三月一八日です。兄が二人います。二一年の三月に誕生してるんですけど、おそらく終戦当時（母の）お腹にいたんじゃないか思うんですね。…昭和一九年七月に疎開命令が出るわけですけど、疎開する人は少なかったみたいでね。二二年の秋に僕が(疎開先から)帰ってくる。恐らく歩けるようになってから帰ったんだね。」

――こちらに戻ってこられたあと、どのような暮らしでしたか？

「小さいころは、ヤドカリや弾丸、鉄くずなどを拾っては金に換えて、小遣い稼ぎをしていました。…喜界高校を出たあと、喜界町の役場に入って、平成一八年（二〇〇六）三月三一日の退職まで勤めました。」

――戦跡ガイドに関連して、在職中からやっていたことや、なにかをやろうと思ったことはありましたか？

「役場で働いてる時はそんなことは気にはなっていたけれども、その何かやろうっていうことよりも、むしろ退職した後にっていうかたちですかね。…（僕が）被害が大きい地域に生まれて育ってきてるっていうことと、（平成六年〈一九九四〉に）そういう記念碑（海軍航空基地戦没者慰霊之碑）が作られたっていうのをきっかけにして、その地域のことを少しみなさんに知ってもらうとか。そうですね。感じてるんですね。」

――退職後、戦跡ガイドをやろうと思ったきっかけは？

「なにか島に貢献しなければならないと。平成二一年（二〇〇九）からガイドをはじめました。結局、

写真 15　インタビューの様子（2023 年 9 月 18 日）

この島で太平洋戦争の被害が一番あったのがうちの（中里）集落ですから、その思いがあったの、ずっとですね。」

――野間さんご自身、戦後のお生まれなので戦争を直接体験されたわけではありません。戦争のこと、戦争遺跡のことをどのように勉強したのでしょうか？

「兄が手記を遺してくれました。それと、福岡永彦『太平洋戦争と喜界島』（私家版、一九五八年）、『南西諸島海軍航空隊喜界島派遣隊戦時日誌』（防衛研究所所蔵）ですね。それが大きかったですね。最近では、大倉忠夫『奄美・喜界島の沖縄戦』（高文研、二〇二一年）があります。」

――野間さんは喜界島を訪れる観光客へ戦跡ガイドをするほかに、学校の平和学習にも関わっておられますか？

「いわゆる課外授業的なところで前はありましたけど。最近はないですね。教員も入れ替われば、だんだん、ほら、そういうことやってたんだっていうのが途絶えてしまう。そうなったら、やってたことすら知らないから。教員が入れ替わるのも（影響が）あるかなと思いますね。…僕はこの前ちょっと高校の運動会を見に行って、（生徒が）一生懸命やってる姿を見て、あんまりこの子たちは役に立たないかなと思っとったんだけど、僕は役に立つんじゃないかって見直したんですね。まあ、一生懸命走ったり、一生懸命やってると。それを見ると、ゲームばっかりしてるんじゃなくて、そういうこと、やっぱり自分でしっかりやってるんだなとそう感じましたね。」

――戦跡ガイドをするさいに気をつけていること、伝えたいことはなんでしょう？

「どうしたら戦争を起こさないかということを考えてるんだけど、それは難しいね。あの戦争の結果なんかみると、やっぱりわからなかった怖さというかね、戦争の怖さを知らなかったのでは。だから戦争っていうのはよく知らなければいけないだろうと思うんですね。」

――中里集落は初空襲の時の被害が大きかったから、その次の空襲の時には逃げる場所を確保していて、ムヤ（喪屋）の中に逃げることができて被害が少なく四人ですんだ。それはやっぱり怖さを経験してるからって話ですよね？

「そうそう、はじめのうち、あの簡単な防空壕を作って、その中に入っているメリットがあったんじゃないですか。だけど、やっぱり簡単な防空壕では駄目だということがわかってしまったということですね。」

4　依田茉奈美さんへのインタビュー

インタビューの途中、野間さんが「後継者」と呼ぶ依田茉奈美さん（昭和五七年〈一九八二〉八月三日生）に同席いただくことになりました。

――依田さんの経歴を教えてください。

「わたしは、大阪で生まれ育って、中学校卒業するぐらいで、家族全員で（喜界島に）引っ越してきたんですけど、母がこの荒木集落の出身なんです。…まあ、わたし、島大嫌いで。だって不便だし、価値観も文化も違うし。なんかもう正直早く島から出て行って、もう絶対帰ってこないと。でも、自分が帰るってなった時に、学生時代みたいなことがあってはいけないと、自分からもっと島のことを知って、島のことを好きになりたいなっていう気持ちで帰ってきて、一二年前に。」

――依田さんはどうして戦跡ガイドに？

「野間さんがこの度（ガイドを）引退されるっていうことだったので、ぜひあとを継がせてもらいたい、よその集落の人間でよければぜひって言ったら、快諾してくださって。…わたしは認定エコツアーガイドを目指していて、それって島の自然と資源、あるいは文化・歴史まで含めて守って伝えていくことで、地域のよさ、その土地のよさをガイドする人たちなんですね。…わたしはここで生まれ育ってないし、いざ島の資源を守るってなっても、じゃあどれが貴重な資源なのか？どれを守らなければいけないのか？どこに独自性があるのか知らないから。…やっぱり、うん、島の独自性を守りたい、喜界島の文化とか、そういったものをなんとかとどめたいなっていうのが根底にあります。」

――誰しもが戦争はダメだって理解しているけれど、どうすれば戦争がおこらないようにすることができるのかっていうと難しいですよね？戦争の事実を理解すること、そのためには戦争と自分たちが住んでいる地域と結びつけて、地域のことを詳しく知ることにつなげていくことが重要であるということでしょうか。

「やっぱり自分たちの住んでる場所、あるいは生まれ育った場所に愛着みたいなものがないと、そういうこと（戦争）にいざなった時に、守れなくなるんじゃないか。自分の集落がね、その戦争によってなくなってしまったら困る。だから戦争はしたくないみたいなところまでせめて思わないと。戦争だけじゃなくて、いわゆる争いごとみたいな、なんかそういうのってなくならないんじゃないかなって。…自分の集落に、あるいは喜界島にこういうすばらしいところがあるとか、すばらしいものがあるっていうことがわかれば、なんかこう自分の住んでる場所とか島を守るようになるんじゃないかなって。」

5　野間さんと依田さんの想いの交差

社会全体で戦争遺跡に対する関心が低くなるなか、野間昭夫さんは、ガイドの活動をとおして、戦争を起こさないためには、戦争のことをよく知ることであり、戦争の怖さを知っていること、その怖さを知っている人が戦争による被害を少なくすることができると話されました。そこには、ご自身が喜界島でもっとも被害の大きかった中里集落の出身であるという強い思い（使命感）が根底にあるように見えました。

一方、依田茉奈美さんは、喜界島のことを知りたい、島のことを好きになりたいという気持ちから認定エコツアーガイドを目指す過程において、島のすばらしさ（独自性）や地域の文化を伝えるコンテンツのひとつとして戦争遺跡をとらえています。

一見すると、野間さんと、その「後継者」である依田さんの戦争遺跡に対する想いにズレがあるように感じられます。野間さんにとって戦争遺跡は、「どうしたら戦争を起こさないか」ということを考えるためのきっかけであり、依田さんにとっては、地域に対する愛着を育むきっかけでした。

しかしながら、依田さんの言う地域への愛着が――住んでいる地域を戦争で失いたくないという想いが――、戦争を起こさないという抑止力につながるという点で、二人の想いは交差しているといえるでしょう。それはこれまでの戦争の被害（悲惨さや過酷さなど）の継承を中心とした反戦平和教育ではない平和教育の姿とも言えます。

6　ふるさとの戦争の記憶を未来へつなぐために

今回のインタビューは、期せずして、長く戦跡ガイドとして活動されてきた野間昭夫さんと、そのあとを受け継ごうとする依田茉奈美さんの、ふるさとの戦争の記憶に対する想いをうかがう貴重な機会となりました。それはまさに戦争の記憶を次世代（未来）へとつなぐ現場、非体験者からさらに次の非体験者へ継承する現場でもありました。

喜界島における野間昭夫さんは、「テレビにも出て、戦争といえば、野間さんで、なんかすごい人みたいな」（依田さん）存在であり、「でも、なんかそれがちょっとなんだろうな。もう勝手に壁を作られちゃうというか」（依田さん）と、野間さん自身が意図しないところで、野間さん以外の人が戦争遺跡について語りにくくなるような雰囲気がつくられてしまいかねません。幸いにして、依田さんが「後継者」としての道を歩みはじめました。その道は、多様な関心をもつ人びとが集まり、戦争遺跡への関わり方もその人の立場によって多様であり、互いの関わり方が異なることを理解し合える道であることでしょう。

「島のすばらしいことを知ってる地元の人と、まあ、そうやって半分よそから来た人間とで、島ってこういういいとこだよねっていうのをなんか一緒に伝えていけたらなっていう気持ちがあって。

今はやってますね。」と依田さん。そういう多種多様な人びととの新しい関係によって、新しい歴史像が切り拓かれていくのではないでしょうか。

「わたしが野間さんからもらったことを本当に引き継いでやったところで、じゃあ、人に伝わんのかって思ったら、多分そうじゃないと思うんで。わたしはやっぱり野間さんから引き継いだものを踏襲したうえで、自分なりにつないでいかなきゃいけない。それこそ事実だけ言っても、「え?、そうですか?、何もないですよ。」「あ、そうなんだ。戦争って大変だったんだね。」で終わりってなっちゃうんで。」（依田さん）。「伝わる」とは、「何を知っているか」、「何ができるか」だけではなく、それを「どう使うか」という営みを伴うものでもあります。

戦争遺跡や戦争体験は、たしかに過去に作られたものです。しかしながら、それをどう解釈し、いかに叙述するかは、現在を生きるわたしたちに委ねられています。すなわち、わたしたちには未来の「記憶」の形をどのように選択するか、未来の「記憶」を形づくる（戦争の「記憶」を未来に伝える）責任があります。そのためにも、戦争遺跡や戦争体験者の想いだけでなく、戦跡ガイドの想いもまた受け継いで、未来へつないでいく必要があるでしょう。

〔付記〕本インタビューは、二〇二三年九月一八日に野間昭夫さんのご自宅で行いました。野間昭夫さんご夫妻、依田真奈美さん、喜界町教育委員会の野﨑拓司さんにたいへんお世話になりました。ありがとうございました。

参考文献

アンリ・ルソー　二〇二〇　『過去と向き合う―現代の記憶についての試論―』吉田書店.
[記憶と表現]研究会編　二〇〇五『訪ねてみよう　戦争を学ぶミュージアム/メモリアル』岩波ジュニア新書.
菊池実・菊池誠一編　二〇一五『アジアの戦争遺跡と活用（季刊考古学別冊二三）』雄山閣.
小林多寿子・浅野智彦編　二〇一八『自己語りの社会学―ライフストーリー・問題経験・当事者研究―』新曜社.
桜井厚　二〇〇二『インタビューの社会学』せりか書房.
桜井厚　二〇一二『ライフストーリー論』弘文堂.
桜井厚・石川良子編　二〇一五『ライフストーリー研究に何ができるか―対話的構築主義の批判的継承―』新曜社.
佐藤宏之　二〇二一「地域の戦争の記憶をかたちづくる歴史実践―鹿児島県出水市を事例に―」

『日本公民館学会年報』一九、三五〜四四頁.
十菱駿武・菊池実編　二〇〇二『しらべる戦争遺跡の事典』柏書房.
十菱駿武・菊池実編　二〇〇三『続　しらべる戦争遺跡の事典』柏書房.
戦争遺跡保存全国ネットワーク編　二〇〇四『保存版ガイド　日本の戦争遺跡』平凡社新書.
田口紘子・杉原薫・佐藤宏之・新名隆志　二〇二一「「戦争体験」を活用した平和形成主体育成の可能性―「歴史を学ぶ際に期待される行動と目的の組み合わせ」に着目して―」『日本体育大学大学院教育学研究科紀要』五（一）、一〜一五頁.
武井彩佳　二〇一七『〈和解〉のリアル・ポリティクス―ドイツ人とユダヤ人―』みすず書房.
成田龍一　二〇一〇『「戦争経験」の戦後史―語られた体験／証言／記憶―』岩波書店（二〇二〇年に増補版、岩波現代文庫）.

V　おわりに

私は二〇一三年に鹿児島大学に着任したことをきっかけに奄美の島々に通うようになりましたが、奄美に数多くの戦争遺跡があることを知ったのはたしか二〇一七年頃だったと思います。その後、共同研究者である石田智子先生に誘ってもらい、二〇一八年一月に初めて戦争遺跡を見学することができました。最初に見学したのは、瀬戸内町西古見集落にある掩蓋式観測所（表紙写真参照）だったと記憶しています。遺跡の保存状態の良さにも驚きましたが、個人的には人が暮らす集落からそう離れてはいない場所に軍事施設がいくつも建設されていたことに衝撃を受けました。それと同時に、私自身何十回も奄美に通い勉強してきたにも関わらず、奄美と戦争の関係について全く知らなかったことに気づき、ひどく動揺しました。それをきっかけに、共同研究者とともに「シマの戦争」についてそれぞれの立場から考え、議論してきました。本書での議論はその中間報告でもあります。

本書でも述べてきたように、戦争の記憶を伝える媒体が〈ヒトからヒト〉から〈ヒトからモノ〉へ、さらには〈モノからヒト〉へとシフトしつつあります。奄美群島における戦争遺跡の特徴を踏まえると、戦跡というモノが「シマの戦争」を伝えるメディアとして果たしうる役割は非常に大きいといえます。そのためには、戦争遺跡のことを知り、そしてそれらを意味があるものとして保存し、活用へつなげていくことが重要です。

また、なぜ地域に戦跡があるのかということを特に戦争を知らない世代に伝えるためには、それにまつわる「語り」を示すことが必要となります。本書で試みたことは、それを「日常」という視点から提示することでした。そのような視点から戦争について語ることで、〈いま・ここ〉を生きる人々と〈かつて・ここ〉にあった戦争との間につながりが生まれてきます。そして、そうした過去と現在のつながりをさらに未来に伝えていく存在として、ガイドを位置付けることができます。ガイドの存在によって、シマで暮らす人だけでなくシマを訪れる人びとも含めて、何らかのかたちで「シマの戦争」を繋いでいく可能性が開かれるといっても過言ではないかもしれません。

ここまで見てきたように、戦争の記憶を伝える回路は博物館や資料館だけでなく、地域にこそ存在していると考えることもできます。「シマの戦争」を未来に伝えていくには、まず足元で起きた出来事を拾い上げ、誰でもアクセスできるようなかたちで残していくことが重要だといえます。少なくとも、奄美群島の戦争遺跡に関する研究はまだスタート地点に立ったばかりです。これからも、ともに考えていければと思います。

本書でとりあげた戦争遺跡はまだほんの一部に過ぎません。例えば、第Ⅱ章でとりあげられた「万歳岩」のように、地域の人々の間でしか記憶されていない場所もきっと数多く眠っているのではないかと思います。本書が奄美の戦争遺跡についてはもちろんのこと、それぞれの地域に眠る戦争の痕跡とその記憶に目を向けるきっかけになれば幸いです。

最後になりますが、共同研究を実施するにあたって、多くの方々のご協力をいただきました。特に、お忙しい中貴重なお時間を割いてインタビューにご協力してくださった方々には心より感謝しています。紙幅の都合上、おひとりずつお名前を挙げることができませんが、改めてここで御礼申し上げます。本当にありがとうございました。

二〇二三年一一月　　著者代表　兼城糸絵

［付記］なお、本書の一部は、科学研究費補助金・挑戦的研究（萌芽）「奄美群島の戦争に関する「記憶」の記録と継承をめぐる学際的研究」（課題番号：19K21652、研究代表者：兼城糸絵）の助成を受けたものです。

野田伸一　著

No. 1　**鹿児島の離島のおじゃま虫**

ISBN978-4-89290-030-3　56 頁　定価 700+ 税　(2015.03)

長嶋俊介　著

No. 2　**九州広域列島論**～ネシアの主人公とタイムカプセルの輝き～

ISBN978-4-89290-031-0　88 頁　定価 900+ 税　(2015.03)

小林哲夫　著

No. 3　**鹿児島の離島の火山**

ISBN978-4-89290-035-8　66 頁　定価 700+ 税　(2016.03)

鈴木英治ほか　編

No. 4　**生物多様性と保全**—奄美群島を例に—（上）

ISBN978-4-89290-037-2　74 頁　定価 800+ 税　(2016.03)

鈴木英治ほか　編

No. 5　**生物多様性と保全**—奄美群島を例に—（下）

ISBN978-4-89290-038-9　76 頁　定価 800+ 税　(2016.03)

佐藤宏之　著

No. 6　**自然災害と共に生きる**—近世種子島の気候変動と地域社会

ISBN978-4-89290-042-6　92 頁　定価 900+ 税　(2017.03)

森脇　広　著

No. 7　**鹿児島の地形を読む**—島々の海岸段丘

ISBN978-4-89290-043-3　70 頁　定価 800+ 税　(2017.03)

渡辺芳郎　著

No. 8　**近世トカラの物資流通**—陶磁器考古学からのアプローチ—

ISBN978-4-89290-045-7　82 頁　定価 800+ 税　(2018.03)

冨永茂人　著

No. 9　**鹿児島の果樹園芸**—南北六〇〇キロメートルの多様な気象条件下で—

ISBN978-4-89290-046-4　74 頁　定価 700+ 税　(2018.03)

山本宗立　著

No. 10　**唐辛子に旅して**

ISBN978-4-89290-048-8　48 頁　定価 700+ 税　(2019.03)

冨山清升　著

No. 11　**国外外来種の動物としてのアフリカマイマイ**

ISBN978-4-89290-049-5　94 頁　定価 900+ 税　(2019.03)

鈴木廣志　著
No. 12　**エビ・ヤドカリ・カニから鹿児島を見る**
ISBN978-4-89290-051-8　90 頁　定価 900+ 税　（2020.03）

梁川英俊　著
No. 13　**奄美島唄入門**
ISBN978-4-89290-052-5　88 頁　定価 900+ 税　（2020.03）

桑原季雄　著
No. 14　**奄美の文化人類学**
ISBN978-4-89290-056-3　80 頁　定価 800+ 税　（2021.03）

山本宗立・高宮広土　編
No. 15　**魅惑の島々、奄美群島**―歴史・文化編―
ISBN978-4-89290-057-0　60 頁　定価 700+ 税　（2021.03）

山本宗立・高宮広土　編
No. 16　**魅惑の島々、奄美群島**―農業・水産業編―
ISBN978-4-89290-058-7　68 頁　定価 700+ 税　（2021.03）

山本宗立・高宮広土　編
No. 17　**魅惑の島々、奄美群島**―社会経済・教育編―
ISBN978-4-89290-061-7　76 頁　定価 800+ 税　（2021.10）

山本宗立・高宮広土　編
No. 18　**魅惑の島々、奄美群島**―自然編―
ISBN978-4-89290-062-4　98 頁　定価 900+ 税　（2021.10）

津田勝男　著
No. 19　**島ミカンを救え**―喜界島ゴマダラカミキリ撲滅大作戦―
ISBN978-4-89290-064-8　52 頁　定価 700+ 税　（2022.03）

佐藤正典　著
No. 20　**琉球列島の河川に生息するゴカイ類**
ISBN978-4-89290-065-5　86 頁　定価 900+ 税　（2022.03）

礼満ハフィーズ　著
No. 21　**鹿児島県薩摩川内甑列島の自然と地質学的魅力**
ISBN978-4-89290-066-2　46 頁　定価 700+ 税　（2023.03）

鳥居享司　著
No. 21　**奄美群島の水産業の現状と未来**
ISBN978-4-89290-067-9　82 頁　定価 900+ 税　（2023.03）

〔著者〕

兼城糸絵（かねしろ　いとえ）

［略　　歴］1982年沖縄県生まれ。東北大学大学院環境科学研究科博士後期3年の課程単位取得退学。博士（学術）。日本学術振興会特別研究員（DC2）を経て、2013年より鹿児島大学法文学部にて研究・教育を担当。鹿児島大学学術研究院法文教育学域法文学系准教授。専門は文化人類学、地域研究。

［主要著書］『日本で学ぶ文化人類学』（昭和堂、2021年、共編著）、「奄美大島における共同納骨堂に関する一考察―宇検村の事例を中心に―」、渡辺芳郎（編著）『奄美群島の歴史・文化・社会的多様性』南方新社、118-133頁、2020年など。

石田智子（いしだ　ともこ）

［略　　歴］1981年福岡県生まれ。九州大学大学院比較社会文化学府日本社会文化専攻博士後期課程単位取得退学、博士（比較社会文化）。日本学術振興会特別研究員（PD）を経て、2015年より鹿児島大学法文学部にて研究・教育を担当。鹿児島大学学術研究院法文教育学域法文学系准教授。専門は考古学。

［主要著書］「鹿児島県における弥生時代研究の課題と展望」（『鹿児島考古』50、2021年）、「デジタルコンテンツを活用した戦争遺跡体験」（『人文学科論集』89、2022年）など。

佐藤　宏之（さとう　ひろゆき）

［略　　歴］1975年新潟県生まれ。一橋大学大学院社会学研究科博士後期課程単位取得退学。博士（社会学）。2010年10月より鹿児島大学教育学部にて研究・教育を担当。鹿児島大学学術研究院法文教育学域教育学系准教授。専門は近世日本史。

［主要著書］『近世大名の権力編成と家意識』（吉川弘文館、2010年）、『自然災害と共に生きる　近世種子島の気候変動と地域社会』（北斗書房、2017年）など。

鹿児島大学島嶼研ブックレット　No.23

シマで戦争を考える

2024年03月20日第1版第1刷発行
〃　　07月23日　〃　第2刷　〃

発行者　鹿児島大学国際島嶼教育研究センター
発行所　北斗書房
〒132-0024　東京都江戸川区一之江8の3の2（MMビル）
電話 03-3674-5241　FAX03-3674-5244
URL http//www.gyokyo.co.jp

定価は表紙に表示してあります

ISBN978-4-89290-069-3 C0036